Brise-chagrins

Mon livret-compagnon pour le sacrement de la réconciliation

Imprimatur
Strasbourg, le 26 mai 1999
Joseph Doré, Archevêque de Strasbourg

C'est fou, tout ce qui se passe dans la vie...

BOULANGERIE
PATISSERIE

Mon groupe

Dans la vie, parfois...

- C'est comme ça !
- Ce n'est pas facile !
- Ça ne va plus !

C'est comme ça !

Il était une fois trois copines...

Un jour...

3

4

Dans la vie, parfois c'est comme ça.

Chacun veut vivre autre chose.

Toi, Dieu, est-ce que tu sais ce qui nous arrive ?

Je n'aime pas ce que m'a fait mon amie,
et pourtant elle ne m'a pas griffée,
elle ne m'a pas fait tomber par terre.
Mais elle m'a fait de la peine.
Et maintenant,
c'est comme si j'avais
une grosse pierre sur le cœur.
Avec toi, Seigneur,
je voudrais retourner vers elle
avec des mots doux
comme des câlins
pour qu'on redevienne amies.

Tu sais quoi, Dieu ?
Parfois je me mets en colère.
Et la colère me fait peur
comme si j'allais glisser
sans pouvoir me retenir.
Il y a des choses que je déteste
et qui me fâchent.
Mais je sais qu'à toi je peux dire
mes questions et raconter mes colères.
Alors, je me souviens
que tu t'occupes de moi.
Je me sens en sécurité.
Comme si tu m'empêchais de tomber
en me tenant la main.

Dans ma tête, il fait nuit.
On s'est disputé.
Dans mon cœur, il fait gris.
L'orage m'est monté à la tête.
J'ai le cœur en bataille.
Je ne veux pas ravaler mes cris.
Avec toi, Seigneur,
je voudrais sauter par-dessus
le grand mur de ma colère.
Pour jouer et rire ensemble
prête-moi des mots tout neufs.

Ce n'est pas facile !

« Moi j'habite ici. Et toi ? »

« Est-ce que tu t'imagines que je vais te croire? »

Dans la vie, parfois ce n'est pas facile.

Je ne peux pas faire n'importe quoi !

Aujourd'hui, mon cœur ressemble
à un tableau tout gribouillé.
J'ai raconté des histoires à mon copain.
Il a du mal à me croire maintenant.
Tout est brouillé entre nous.
Pourtant, j'aimerais continuer
à être son copain.
Avec toi, Seigneur,
je voudrais trouver
des mots clairs comme le soleil.
Et que l'on se parle de nouveau !

Qu'est-ce que c'est compliqué !

BOULANGERIE
MAISON CRAPICHON
PAIN CAMPAGNE

Au moment de la

Le prêtre dira avec nous

Prêtre. Seigneur, écoute-nous !
Enfant 1. Écoute et comprends-nous !
Enfant 2. Écoute, nous t'appelons !
E 1. Écoute, tu es notre Dieu !
E 2. Oui, tu es notre Dieu !
P. Toi, tu détestes le mal.
E 1. Ton amour est très, très grand.
E 2. Sans peur nous entrons dans ta maison.
E 1. Oui, tu es notre Dieu, tu es fidèle !
E 2. Sois notre guide.
P. Tu es la joie de ceux que tu abrites.
E 1. Joie qui ne finit pas !
E 2. Tu nous protèges.

Prêtre. C'est trop long, Seigneur !
Enfant. Vas-tu nous oublier ?
P. C'est trop long, Seigneur !
E. Es-tu vraiment loin de nous ?
P. C'est trop long, Seigneur !
E. Le jour et la nuit, jamais notre cœur n'est en paix.
P. C'est trop long, Seigneur !
E. Le mal sera-t-il donc le plus fort ?
P. Seigneur, regarde-nous et réponds-nous !
E. Donne-nous une lumière dans la nuit.
P. Regarde-nous et réponds-nous !
E. Dans ton amour pour nous, nous avons confiance.
P. Regarde-nous et réponds-nous !
E. Tu fais chanter nos cœurs dans ta joie.
P. Tu nous regardes et tu nous réponds.
E. Nous chanterons pour toi.

élébration

ne de ces quatre prières.

Prêtre. Vers toi, Seigneur, nous tournons nos cœurs.
Enfant. Vers toi, notre Dieu.
P. Nous te faisons confiance.
E. Nous ne serons pas déçus.
P. Devant toi, nous ne rougissons pas.
E. Nous n'avons pas honte.
P. Apprends-nous ta route, Seigneur.
E. Le chemin qui mène à toi.
P. Conduis-nous, Seigneur !
E. Tu es le Dieu qui nous sauve.
P. Nous t'attendons, nous nous souvenons de toi.
E. Oui, tu es bon.
P. Seigneur, tu ne peux pas arrêter de nous aimer.
E. Oublie nos fautes.
P. Mais ne nous oublie pas !
E. Montre-nous ta tendresse.
P. Seigneur, tu es bon, tu es fidèle.
E. Ramène-nous sur le bon chemin !
P. Tu nous montres la route.
E. Pardonne-nous toujours, toujours !
P. Vois notre peine et notre misère !
E. Soulève le poids de toutes nos fautes !

Prêtre. Seigneur, nous t'attendons avec espoir.
Enfant 1. Nous t'attendons avec confiance.
Enfant 2. Tu te penches vers nous et tu nous écoutes.
P. Quand nous sommes au fond du gouffre,
E 1. tu nous aides à en sortir.
E 2. Quand nous nous enfonçons,
E 1. tu nous remets sur la terre ferme,
E 2. tu te penches vers nous et tu nous écoutes.
P. Alors nous pouvons chanter un chant nouveau.
E 1. Il étonnera tous ceux qui nous voient.
E 2. Nous chanterons un chant nouveau.
E 1. Et ils croiront en toi, Seigneur.
E 2. Ils croiront en toi !
P. Quand nous sommes malheureux,
E 1. tu penses à nous.
E 2. Quand nous sommes malheureux,
E 1. tu viens nous aider.
E 2. Alors viens vite, Seigneur, à notre secours.

Au pays du peuple d'Israël

Des histoires d'Évangile

- Rencontre à Capharnaüm
- Rencontre chez Simon le pharisien
- Rencontre à Jéricho

Rencontre à Capharnaüm

~~C'est quatre cop~~ pour que soi gueri

Jésus parle pour tout le monde...

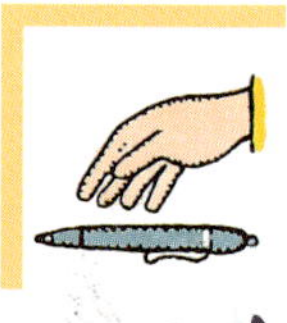

mon fils tes pechés son pardonnes.

Il s'adresse à tous les gens rassemblés là.

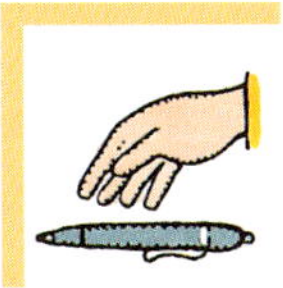

pourquoi avez vous ces pensées au fond de vos cœurs ?

Jésus dit : « Qu'est-ce qui est le plus facile ?
Dire à ce paralysé : "Tes péchés sont pardonnés",
ou lui dire : "Lève-toi, prends ton brancard et marche..." »

Jésus donne toujours des possibilités nouvelles de vivre !

Rencontre chez Simon le pharisien

6
Si cet homme était un vrai prophète, il devrait savoir qui est cette femme qui le touche : une pécheresse !
7
Simon, je veux te dire quelque chose.
Maître, parle !

8
Un homme avait prêté de l'argent à deux personnes ; la première devait cinq cents pièces d'argent, l'autre cinquante pièces d'argent. Ni l'un ni l'autre ne pouvaient rembourser. Alors l'homme qui a prêté l'argent annule la dette des deux…

9
10
Je suis entré chez toi et tu ne m'as pas versé d'eau sur mes pieds, mais elle, elle a mouillé mes pieds avec ses larmes et elle les a essuyés avec ses cheveux. Tu ne m'as pas embrassé, mais elle, elle n'a pas arrêté d'embrasser mes pieds. Tu n'as pas versé de parfum sur ma tête, mais elle, elle a versé un parfum précieux sur mes pieds...

on lit cette histoire
on voit que Jesus est quelqu un qui Il veut
un porton un et mon aami

Rencontre à Jéricho

Jésus traverse la ville de Jéricho.
Zachée, le chef des publicains, les hommes
qui ramassent les impôts, est là.
Il est riche. Il veut connaître Jésus et cherche à le voir,
mais à cause de la foule
il n'y arrive pas, car il est petit.
Alors Zachée court en avant, et il monte sur un arbre,
un sycomore, pour voir Jésus qui va passer par là.

Jésus arrive à cet endroit. Il lève les yeux vers Zachée,
et il l'appelle : « Zachée, descends vite :
aujourd'hui, je dois loger chez toi. »
Aussitôt Zachée descend de l'arbre et, avec joie,
il reçoit Jésus dans sa maison.
Tous les gens voient cela, ils protestent et disent :
« Jésus est allé loger chez un homme pécheur ! »

Mais Zachée, debout devant le Seigneur, dit :
« Seigneur, je vais donner la moitié de mes biens aux pauvres ;
et, si j'ai volé quelqu'un, je lui rendrai quatre fois plus. »

Luc 19, 1-10.

1
jesus traverse le ville de jericho
2
3
zachée, le chef des publicains les hommes
4
5

6
7
8
Zaché
9

mais zachée, bedout devant le seigeur dit
seigneur, je vais donner la moitie de mes biens aux
pauvres et la mite

Une image de la croix que j'aime bien

Avec le peuple de Dieu

- Faire le signe de la croix
- Dire le Notre Père
- Recevoir une bénédiction

Faire le signe de la croix

Seigneur, tu es mon berger.
Avec toi, rien ne peut me manquer.
Tu me fais reposer sur des prés d'herbe fraîche.

Tu me conduis vers les ruisseaux tranquilles.
L'eau que j'y bois me fait revivre !
Tu me gardes sur le droit chemin,
et je suis fier de chanter pour toi.

Dans les sentiers tout noirs,
rien ne me fait peur.
Tu es avec moi.
Ton bâton, ta houlette me guident
et me rassurent !

Devant ceux qui ne m'aiment pas,
tu prépares une belle table,
tu m'inondes de parfum,
et je me sens si bien,
si heureux,
bienheureux !

Psaume 22
(Traduction : M.-O. Betz.)

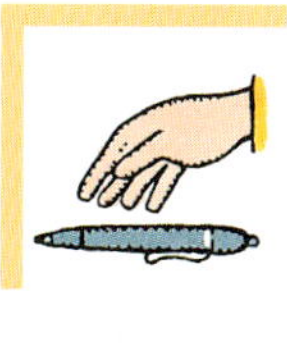

rien ne me fait peur

Au moment de l

Nous parlerons à Dieu

- Tu veux être connu de tous.
- Tu t'occupes de nous.
- Tu veux le bonheur pour le ciel et pour la terre.
- Tu nous sauves.
- Tu nous protèges.
- Tu pardonnes tout le temps pour nous montrer ce que c'est.
- Tu es roi de toute la terre.
- Tu es toujours avec nous...

célébration

ce qu'il est pour nous.

Notre Père qui es aux cieux,
que ton nom soit sanctifié,
que ton règne vienne,
que ta volonté soit faite sur la terre comme au ciel.
Donne-nous aujourd'hui notre pain de ce jour.
Pardonne-nous nos offenses comme nous pardonnons aussi
à ceux qui nous ont offensés
et ne nous soumets pas à la tentation,
mais délivre-nous du mal.
Car c'est à toi qu'appartiennent
le règne, la puissance et la gloire
pour les siècles des siècles. Amen.

Recevoir une bénédiction

~~h'histoire~~ zachée

l'ordonne
lève - toi, prends
ton brancard et rentre chez toi

les pechés sont
pardonnés

Frère François avait un compagnon
qui s'appelait Léon.
Frère Léon posait souvent des
questions.

Un jour, il demande à Frère François
de l'aide pour les moments difficiles.
Alors Frère François lui donne
de la part de Dieu une bénédiction.

Frère Léon l'a écrite sur un billet pour
la garder sur lui toute sa vie.

Aujourd'hui encore, le prêtre bénit les croyants en disant :

Que le Seigneur te bénisse et te garde.
Tous répondent : *Amen*.

Que le Seigneur fasse resplendir sur toi son visage
et t'accorde sa grâce.
***Amen*.**

Que le Seigneur tourne vers toi son visage
et t'apporte la paix.
***Amen*.**

Et que Dieu tout-puissant te bénisse,
le Père, le Fils et le Saint-Esprit.
***Amen*.**

Le jour de la

Les uns avec les autres devant Dieu

Le prêtre nous accueille de la part de Dieu.
Nous faisons ensemble le signe de la croix.

Nous disons à Dieu que nous avons confiance en lui.

Nous écoutons une histoire d'Évangile.

Nous prions ensemble le Notre Père.

élébration

Tu peux aller parler avec le prêtre

Tu te présentes : *Je m'appelle…*
Je viens recevoir le pardon de Dieu.

Tu racontes au prêtre ce que tu as aimé
dans l'histoire d'Évangile.
Il en discutera un peu avec toi.

Le prêtre, de la part de Dieu, te donnera une bénédiction :
« Que Dieu soit avec toi, partout où tu vas,
dans tout ce qui t'arrive ! »

Il te dira que c'est vrai aujourd'hui :
« Au nom du Père, du Fils et du Saint-Esprit,
je te pardonne tous tes péchés. »

Tu répondras : *Amen.*

Quand tu parleras avec le prêtre, vous pourrez regarder ensemble cette page.

Le moment que je préfère dans l'histoire d'Évangile :

Ce que j'y trouve d'intéressant pour moi :

l ordonne
lève - ~~Aou~~ toi venots
ton brancard et ventre
shé tes peches sont pardonn